HOLZ BOOKS ® 2018

Es gibt ein Mädchen,
das Blumen sehr liebt.

Sie kümmert sich jeden Tag um die Pflanzen.

Dafür blühen sie so schön
für sie, dass alles herum
zum Leben erweckt wird.

Ein Mädchen geht nie allein
in den Straßen ihrer Stadt.
Sie wird immer von Blumen
und Waldbewohnern begleitet.

Die Bäckereien backen durch den Anblick und Duft der Blumen noch bessere Kuchen als zuvor.

Die Waldtiere wurden auch
freundlicher zueinander.

Irgendwie sah das Mädchen eine Blume, die am Rand stand. Sie brachte sie zu ihrem Haus.

Das Mädchen kümmerte sich
jeden Tag um die Blume.

Aber das Wasser machte
die Blume krank und
das machte sie traurig.

Oh, ein Wunder!
Sie fand noch so eine Blume.

Das Mädchen brachte die Blume nach Hause. Sie stellte sie neben die erste Blume, die sie bereits nach Hause gebracht hatte.

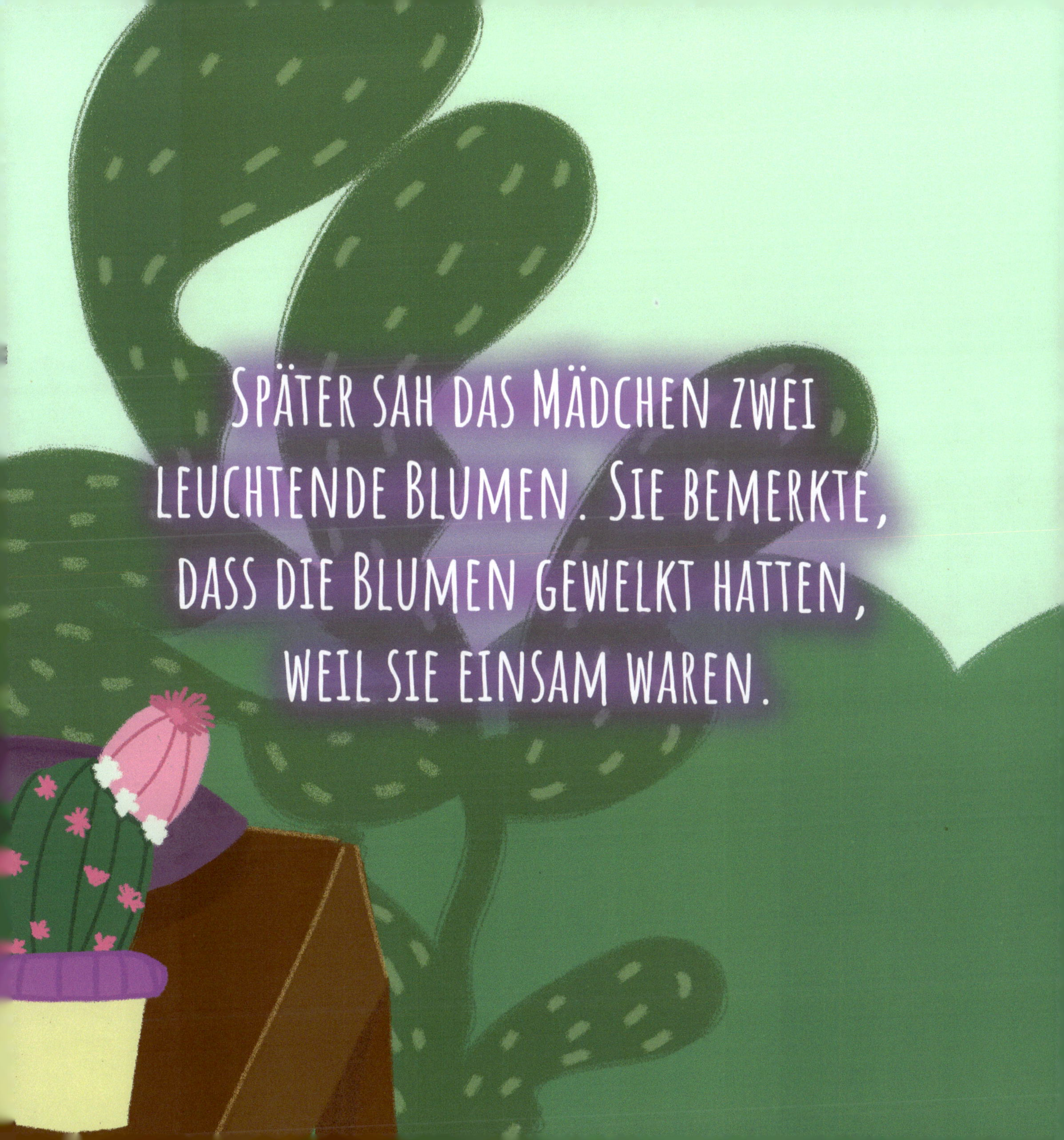

Später sah das Mädchen zwei leuchtende Blumen. Sie bemerkte, dass die Blumen gewelkt hatten, weil sie einsam waren.

Ihre Blumen blühten noch schöner und die Kakteen glitzerten farbenprächtiger.

HOLZ
HOLZ BOOKS ® 2018